Nomen (Namenwörter)

Ordne die Nomen (Namenwörter).

die Freiheit	die Katze	das Messer	die Qual
die Zukunft	der Vater	die Brille	das Reh
der Frieden	die Angst	der Teller	die Nuss
der Hunger	der Käfer	die Hitze	der Pilz
der Wecker	das Glück	der Durst	der Arzt
die Gefahr	der Vogel	der Schreck	der Spaß

Konkrete Nomen (Namenwörter) Menschen, Tiere, Pflanzen, Dinge

 die Katze

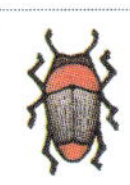

Abstrakte Nomen (Namenwörter) Man kann es nur fühlen oder sich vorstellen.

die Freiheit

! Als Hinweis für Kinder hilfreich: Menschen, Tiere, Pflanzen und Dinge kann man sehen, anfassen und/oder malen.

Nomen (Namenwörter)

Ordne die Nomen (Namenwörter).

die Melodie	der Stuhl	das Lied	das Geschrei
der Geruch	der Mann	der Igel	das Mädchen
das Gebell	die Tanne	das Bett	die Schärfe
der Fuchs	das Blatt	die Eule	der Gestank
die Straße	die Vase	der Duft	der Gesang
der Donner	die Tasse	der Lärm	das Geräusch

Konkrete Nomen (Namenwörter) Menschen, Tiere, Pflanzen, Dinge

 der Stuhl

Abstrakte Nomen (Namenwörter) Man kann es nur hören, riechen oder schmecken.

die Melodie

Nomen (Namenwörter)

Kreuze an.

Welches konkrete Nomen (Namenwort) gehört zu dem Bereich „Menschen"?

☐ Vater ☐ Tee ☐ Fluss ☐ Draht

Welches konkrete Nomen (Namenwort) gehört zu dem Bereich „Tiere"?

☐ Schlüssel ☐ Magnet ☐ Fuchs ☐ Müll

Welches konkrete Nomen (Namenwort) gehört zu dem Bereich „Pflanzen"?

☐ Moos ☐ Theater ☐ Messer ☐ Taxi

Welches konkrete Nomen (Namenwort) gehört zu dem Bereich „Dinge"?

☐ Lehrer ☐ Bäcker ☐ Spiegel ☐ Arzt

Es ist ein abstraktes Nomen (Namenwort). Man kann es nur „hören".

☐ Bett ☐ Geräusch ☐ Zeugnis ☐ Steuer

Es ist ein abstraktes Nomen (Namenwort). Man kann ihn nur „riechen".

☐ Wecker ☐ Duft ☐ Teddy ☐ Pass

Es ist ein abstraktes Nomen (Namenwort). Man kann sie nur „schmecken".

☐ Höhle ☐ Maschine ☐ Schärfe ☐ Tasse

Es ist ein abstraktes Nomen (Namenwort). Man kann sie sich nur „vorstellen".

☐ Tanne ☐ Zeitung ☐ Zukunft ☐ Brille

Es ist ein abstraktes Nomen (Namenwort). Man kann sie nur „fühlen".

☐ Freude ☐ Brücke ☐ Fichte ☐ Stadt

Was kann man nicht sehen und anfassen?

☐ Menschen ☐ Tiere ☐ Pflanzen ☐ Dinge ☐ Gefühle

Nomen (Namenwörter)

Schreibe die Mehrzahl.

	die Tasse	n		die Spitze	n
die	Tassen		die		
	die Brücke	n		die Höhle	n
die			die		
	die Tanne	n		die Vase	n
die			die		
	die Brille	n		die Straße	n
die			die		
	die Träne	n		die Ecke	n
die			die		
	die Maschine	n		die Nummer	n
die			die		
	der Stuhl	e		der Beruf	e
die			die		
	der Blitz	e		das Boot	e
die			die		
	das Gefühl	e		der Verein	e
die			die		
	das Gesetz	e		der Fuchs	e
die			die		
	der Text	e		das Beispiel	e
die			die		
	das Ziel	e		das Geschäft	e
die			die		

! Kinder mit Schwierigkeiten bei der Mehrzahlbildung können sich an den Hilfen in den Graufeldern orientieren.

Nomen (Namenwörter)

Schreibe die Mehrzahl.

	das Bett	en		die Gefahr	en
die	Betten		die		
	die Bahn	en		die Freiheit	en
die			die		
	die Wahl	en		die Qual	en
die			die		
	das Lied	er		das Handy	s
die			die		
	das Taxi	s		das Radio	s
die			die		
	der Fehler	=		das Messer	=
die			die		
	der Teller	=		der Löffel	=
die			die		
	der Lehrer	=		das Feuer	=
die			die		
	das Rätsel	=		der Schalter	=
die			die		
	der Spiegel	=		der Schlüssel	=
die			die		

Kreuze an.

Nomen (Namenwörter) gibt es in der Einzahl und Mehrzahl. ☐ ja ☐ nein

Der Artikel (Begleiter) in der Mehrzahl ist die. ☐ ja ☐ nein

Nomen (Namenwörter)

Kreuze die Nomen (Namenwörter) an und schreibe sie groß.

☒ ecke	☒ fehler	☐ spät	☒ spiegel
Ecke	Fehler	Spiegel	
☐ stuhl	☐ lehrer	☐ fleißig	☐ gesetz
☐ durst	☐ sauer	☐ blitz	☐ stadt
☐ träne	☐ straße	☐ verein	☐ groß
☐ käfig	☐ rätsel	☐ bequem	☐ tasse
☐ dumm	☐ boot	☐ müll	☐ fuchs
☐ draht	☐ ehrlich	☐ kuss	☐ sturm
☐ krieg	☐ heizung	☐ frei	☐ magnet
☐ glück	☐ donner	☐ zeitung	☐ wichtig
☐ lärm	☐ bett	☐ strand	☐ rechts
☐ handy	☐ süß	☐ höhle	☐ schatten
☐ dick	☐ gewitter	☐ messer	☐ löffel

! Die Verfahren zum Erkennen von Nomen (Namenwörtern) sollten den Kindern bekannt sein.

Nomen (Namenwörter)

Kreuze die Nomen (Namenwörter) an und schreibe sie groß.

☐ radio	☐ ziel	☐ tanne	☐ brav
☐ besser	☐ dreck	☐ zukunft	☐ taxi
☐ flugzeug	☐ bestimmt	☐ geschäft	☐ land
☐ kompass	☐ clown	☐ häufig	☐ lied
☐ arzt	☐ dünn	☐ gebäude	☐ wald
☐ angst	☐ urlaub	☐ schlüssel	☐ treu
☐ bloß	☐ hitze	☐ zeugnis	☐ vase
☐ fluss	☐ brücke	☐ qual	☐ ohne
☐ traum	☐ kühl	☐ nummer	☐ paket
☐ frieden	☐ moos	☐ fertig	☐ strom
☐ deutlich	☐ reh	☐ päckchen	☐ geruch
☐ vielleicht	☐ maschine	☐ stoff	☐ natur

Zusammengesetzte Nomen (Namenwörter)

Bilde zusammengesetzte Nomen (Namenwörter) und schreibe sie groß.

Spiegel	+	Bild	Wald	+	Brand
Spiegelbild					
Tee	+	Tasse	Geld	+	Stück
Baum	+	Stamm	See	+	Hund
Nacht	+	Ruhe	Natur	+	Schutz
Herbst	+	Laub	Land	+	Straße
Vogel	+	Käfig	Handy	+	Vertrag
Sand	+	Strand	Computer	+	Spiel
Kopf	+	Ball	Draht	+	Korb
Schnee	+	Sturm	Angst	+	Hase
Sonnen	+	Brille	Taschen	+	Messer
Zungen	+	Spitze	Straßen	+	Bahn
Augen	+	Blick	Lieder	+	Buch

Zusammengesetzte Nomen (Namenwörter)

Bilde zusammengesetzte Nomen (Namenwörter) und schreibe sie groß.

Boots + Haus	Geburts + Tag
Bootshaus	
Gesichts + Creme	Advents + Kranz
Freiheits + Drang	Geschäfts + Zeit
Eingangs + Tür	Nahrungs + Mittel
Heizungs + Rohr	Zeitungs + Papier
Führungs + Tor	Lieblings + Buch
Zwillings + Bruder	Berufs + Wunsch
Schiffs + Reise	Urlaubs + Zeit
Kuckucks + Ei	Glücks + Tag
Hungers + Not	Verkehrs + Schild
Kriegs + Ende	Friedens + Taube
Esels + Ohr	Liebes + Lied

! Das Fugen-s ist das am häufigsten vorkommende Fugenzeichen. Es vereinfacht die Aussprache der Wörter.

Zusammengesetzte Nomen (Namenwörter)

Bilde zusammengesetzte Nomen (Namenwörter) und schreibe sie groß.

hoch	+	Bett	alt	+	Papier
Hochbett					
glatt	+	Eis	wild	+	Schwein
bunt	+	Stift	kühl	+	Schrank
klein	+	Stadt	frisch	+	Käse
weiß	+	Brot	warm	+	Wasser
geheim	+	Sprache	voll	+	Mond
groß	+	Vater	blau	+	Beere
schnell	+	Straße	stark	+	Strom
jung	+	Tier	nah	+	Verkehr
neu	+	Wagen	weit	+	Sprung
frei	+	Karte	grün	+	Specht
klein	+	Kind	heiß	+	Hunger

Zusammengesetzte Nomen (Namenwörter)

Bilde zusammengesetzte Nomen (Namenwörter) und schreibe sie groß.

hüpfen	+	Ball	springen	+	Seil
Hüpfball					
schreiben	+	Tisch	singen	+	Vogel
nähen	+	Maschine	kriechen	+	Tier
reiten	+	Pferd	turnen	+	Schuh
spielen	+	Platz	impfen	+	Pass
schimpfen	+	Wort	boxen	+	Kampf
gehen	+	Weg	fahren	+	Rad
sparen	+	Buch	sehen	+	Fehler
trinken	+	Becher	stricken	+	Mütze
klettern	+	Gerüst	schaukeln	+	Stuhl
lesen	+	Buch	raten	+	Spiel
baden	+	Anzug	zeigen	+	Finger

Groß- und Kleinschreibung

Unterstreiche Satzanfänge und Nomen (Namenwörter) und schreibe richtig.

X	opa singt lieder und oma schimpft über den lärm.	4
	papa wünscht den menschen freiheit und frieden.	4
	unter einem dach fanden wir schutz vor der hitze.	4
	viele menschen in afrika haben hunger und durst.	5
	heiner ist schreiner. seine arbeit macht ihm spaß.	5
	jeder streit ist eine qual. in der ruhe liegt die kraft.	6

Papa wünscht sich was.

Opa singt Lieder und Oma schimpft über den Lärm.

! Die unterstrichene graue Zahl zeigt die Anzahl der Großschreibungen an.

Schreibe die Texte auf Seite 14 neben die passenden Bilder.

- [x] Oma hat den Traum von einer Zukunft ohne Kriege.
- [ ] Die Kinder haben mit viel Fleiß und Freude gelernt.
- [ ] Vorsicht! Im Straßenverkehr lauern viele Gefahren!
- [ ] Zum Glück riechen die Füße nicht mehr nach Käse.
- [ ] Nach einem Schreck ergreifen alle Rehe die Flucht.
- [ ] Jeder Mensch kennt das Gefühl der Angst oder Wut.
- [ ] Pia liebt den Geruch und die Schärfe von Zwiebeln.
- [ ] Oma hat keine Angst vor Schmerzen beim Zahnarzt.
- [ ] Im Ziel schickt der Sieger einen Gruß an seine Mutti.

Markiere Trennstellen und schreibe die Wörter getrennt auf. **5**

Be|ruf	Spaß	Gefahr	Freiheit
Traum	Lärm	Geruch	Zukunft
Glück	Gruß	Freude	Schärfe

Be-ruf

Spaß

! Die Zahl in dem hellroten Kästchen zeigt die Anzahl nicht trennbarer Wörter an.

Abschreiben

Schreibe die Texte von Seite 13 neben die passenden Bilder.

Oma hat den Traum von einer Zukunft ohne Kriege.

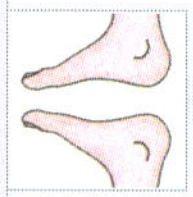

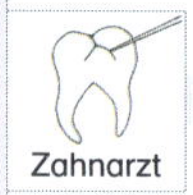

-heit

Ordne die Nomen (Namenwörter) mit dem Wortbaustein **-heit** zu.

~~Doofheit~~	Schlauheit	Blindheit	Seltenheit
Freiheit	Dummheit	Krankheit	Schönheit
Klarheit	Dunkelheit	Wahrheit	Gesundheit
Faulheit	Sicherheit	Frechheit	Trockenheit

doof		schlau	
die	Doofheit	die	
blind		**selten**	
die		die	
frei		**dumm**	
die		die	
krank		**schön**	
die		die	
klar		**dunkel**	
die		die	
wahr		**gesund**	
die		die	
faul		**sicher**	
die		die	
frech		**trocken**	
die		die	

Kreuze an.

Wörter mit dem Wortbaustein -heit sind

☐ Verben (Tunwörter). ☐ Adjektive (Wiewörter). ☐ Nomen (Namenwörter).

-keit

Ordne die Nomen (Namenwörter) mit dem Wortbaustein **-keit** zu.

Einsamkeit	Heiterkeit	Langsamkeit	Sauberkeit
Ähnlichkeit	Ehrlichkeit	Fröhlichkeit	Ängstlichkeit
Flüssigkeit	Schwierigkeit	Wichtigkeit	Häufigkeit
Süßigkeit	Schnelligkeit	Kleinigkeit	Feuchtigkeit

einsam	heiter
die Einsamkeit	die
langsam	**sauber**
die	die
ähnlich	**ehrlich**
die	die
fröhlich	**ängstlich**
die	die
flüssig	**schwierig**
die	die
wichtig	**häufig**
die	die
süß	**schnell**
die	die
klein	**feucht**
die	die

Kreuze an.

Wörter mit dem Wortbaustein **-keit** sind

☐ Verben (Tunwörter). ☐ Adjektive (Wiewörter). ☐ Nomen (Namenwörter).

-ung

Ordne die Nomen (Namenwörter) mit dem Wortbaustein -ung zu.

Kreuzung	Wohnung	Heizung	Zeichnung
Impfung	Entfernung	Bedienung	Herstellung
Erwartung	Erklärung	Erzählung	Ernährung
Führung	Beobachtung	Sammlung	Entwicklung

	kreuzen		wohnen
die	Kreuzung	die	
	heizen		zeichnen
die		die	
	impfen		entfernen
die		die	
	bedienen		herstellen
die		die	
	erwarten		erklären
die		die	
	erzählen		ernähren
die		die	
	führen		beobachten
die		die	
	sammeln		entwickeln
die		die	

Kreuze an.

Wörter mit dem Wortbaustein -ung sind

☐ Verben (Tunwörter). ☐ Adjektive (Wiewörter). ☐ Nomen (Namenwörter).

Groß- und Kleinschreibung

Unterstreiche Satzanfänge und Nomen (Namenwörter) und schreibe richtig.

- [x] die wand ist feucht. feuchtigkeit schadet wänden.
- [ ] das wasser ist flüssig. wasser ist eine flüssigkeit.
- [ ] fröhliche kinder bringen fröhlichkeit in die schule.
- [ ] der test ist zu schwierig. tina hat schwierigkeiten.
- [ ] fische sind nicht süß. ein fisch ist keine süßigkeit.
- [ ] dieser delfin ist frei. delfine brauchen die freiheit.

Wasser

Tinas Test ist schwer!

Fisch ist nicht süß.

Die Wand ist feucht. Feuchtigkeit schadet Wänden.

Fröh-lich-keit

Schreibe die Texte auf Seite 20 neben die passenden Bilder.

X	Wir heizen nicht immer. Bei Kälte läuft die Heizung.	-ung
	Lea sammelt alte Socken. Ihre Sammlung ist riesig.	-ung
	Wir führen mit 9:0. Die Führung ist nicht unverdient.	-ung
	Erni erzählt im Sitzkreis. Seine Erzählung ist lustig.	-ung
	Ritter kreuzen ihre Schwerter nahe einer Kreuzung.	-ung
	Der Arzt impft. Er trägt die Impfung im Impfpass ein.	-ung
	Die Babys entwickeln sich. Ihre Entwicklung ist toll.	-ung
	Berti stellt Boote her. Die Herstellung dauert lange.	-ung
	Erna entfernt Flecken. Die Entfernung ist schwierig.	-ung

Markiere Trennstellen und schreibe die Wörter getrennt auf. O

Ehr|lich|keit	Feuchtigkeit	Süßigkeit	Ängstlichkeit
Schönheit	Gesundheit	Blindheit	Dunkelheit
Zeichnung	Entfernung	Erwartung	Wanderung

Ehr-lich-keit

Neben den Abschreibsätzen wird jeweils auf den rechtschreiblichen Schwerpunkt verwiesen.

Abschreiben

Schreibe die Texte von Seite *19* neben die passenden Bilder.

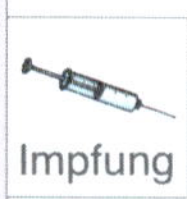

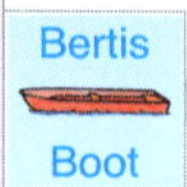

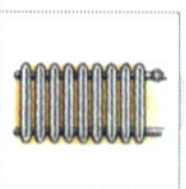

Wir heizen nicht immer. Bei Kälte läuft die Heizung.

Erni ist lustig.

-e

Ordne die Nomen (Namenwörter) mit dem Wortbaustein -e zu.			
~~Länge~~	Höhle	Stille	Glätte
Nässe	Stärke	Tiefe	Fremde
Nähe	Wärme	Spitze	Schärfe
Spritze	Stimme	Wiege	Skizze

lang		hohl	
die	Länge	die	
still		**glatt**	
die		die	
nass		**stark**	
die		die	
tief		**fremd**	
die		die	
nah		**warm**	
die		die	
spitz		**scharf**	
die		die	
spritzen		**stimmen**	
die		die	
wiegen		**skizzieren**	
die		die	

Kreuze an.

Der Wortbaustein -e verwandelt manche Verben (Tunwörter) und Adjektive (Wiewörter) in

☐ Artikel (Begleiter). ☐ Ausrufezeichen. ☐ Nomen (Namenwörter).

-er

Ordne die Nomen (Namenwörter) mit dem Wortbaustein **-er** zu.

Bohrer	Wähler	Fehler	Verlierer
Boxer	Stecker	Sieger	Gewinner
Öffner	Schalter	Bäcker	Fernseher
Mixer	Wecker	Lehrer	Kletterer

bohren		wählen	
der	Bohrer	der	
fehlen		**verlieren**	
der		der	
boxen		**stecken**	
der		der	
siegen		**gewinnen**	
der		der	
öffnen		**schalten**	
der		der	
backen		**fernsehen**	
der		der	
mixen		**wecken**	
der		der	
lehren		**klettern**	
der		der	

Kreuze an.

Der Wortbaustein -er verwandelt manche Verben (Tunwörter) in

☐ Artikel (Begleiter). ☐ Adjektive (Wiewörter). ☐ Nomen (Namenwörter).

d oder t

d oder t? Verlängere zuerst.

der Aben d	(d)	t	der Stif t	d	(t)	das Quadra	d	t
die Abende			die Stifte			die		
das Fel	d	t	das Lan	d	t	das Pake	d	t
die			die			die		
das Bil	d	t	der Bran	d	t	das Geschäf	d	t
die			die			die		
das Boo	d	t	der Mun	d	t	das Schwer	d	t
die			die			die		
das Ra	d	t	das Kin	d	t	der Stran	d	t
die			die			die		
der Arz	d	t	das Hem	d	t	das Gesich	d	t
die			die			die		
das Lie	d	t	das Klei	d	t	der Rekor	d	t
die			die			die		
der Tex	d	t	der Wal	d	t	das Schil	d	t
die			die			die		
der Hun	d	t	das Pfer	d	t	der Mona	d	t
die			die			die		
die Han	d	t	das Gel	d	t	das Lich	d	t
die			die			die		

g oder k

b oder p

g oder k? Verlängere zuerst.

das Geträn k	g	(k)	das Spielzeu g	(g)	k	das Fahrzeu	g	k
die Getränke			die Spielzeuge			die		
der We	g	k	der Zwer	g	k	das Geschen	g	k
die			die			die		
der Ta	g	k	der Krie	g	k	der Katalo	g	k
die			die			die		
der Zu	g	k	der Mitta	g	k	der Schran	g	k
die			die			die		
der Ber	g	k	der Zwei	g	k	die Fabri	g	k
die			die			die		
der Kru	g	k	der Erfol	g	k	der Ausflu	g	k
die			die			die		
die Ban	g	k	die Bur	g	k	der Umzu	g	k
die			die			die		

b oder p? Verlängere zuerst.

der Sta b	(b)	p	das Sie	b	p	der Urlau	b	p
die Stäbe			die			die		
der Die	b	p	der Kor	b	p	das Kal	b	p
die			die			die		

d oder t | g oder k | b oder p

d oder t? Verlängere zuerst.

bun t	d	(t)	gesun	d	t
ein buntes T-Shirt			ein Frühstück		
har	d	t	feuch	d	t
eine Schale			ein Tuch		
spä	d	t	frem	d	t
ein Termin			eine Frau		
gu	d	t	blin	d	t
ein Unterricht			ein Mann		
wil	d	t	run	d	t
ein Tier			ein Tisch		

g oder k? Verlängere zuerst.

kran k	g	(k)	klu	g	k
ein krankes Reh			eine Frage		
star	g	k	schlan	g	k
ein Ast			ein Kind		

b oder p? Verlängere zuerst.

trü b	(b)	p	lie	b	p
ein trübes Gewässer			ein Mensch		
hal	b	p	gel	b	p
eine Pizza			eine Banane		

g oder k? Verlängere zuerst.

er schwei g t	(g)	k	sie tan k t	g	(k)	sie bewe ___ t	g	k
wir schweigen			wir tanken			wir		
er fol ___ t	g	k	sie wie ___ t	g	k	sie mer ___ t	g	k
wir			wir			wir		
sie lie ___ t	g	k	er pfle ___ t	g	k	sie trin ___ t	g	k
wir			wir			wir		
sie bie ___ t	g	k	er fra ___ t	g	k	er dan ___ t	g	k
wir			wir			wir		
er den ___ t	g	k	er sie ___ t	g	k	es stin ___ t	g	k
wir			wir			wir		

b oder p? Verlängere zuerst.

sie pum p t	b	(p)	er glau b t	(b)	p	er schrei ___ t	b	p
wir pumpen			wir glauben			wir		
er ü ___ t	b	p	er hu ___ t	b	p	sie erle ___ t	b	p
wir			wir			wir		
sie to ___ t	b	p	er he ___ t	b	p	sie schie ___ t	b	p
wir			wir			wir		
es le ___ t	b	p	sie blei ___ t	b	p	sie erlau ___ t	b	p
wir			wir			wir		

Verben (Tunwörter)

Schreibe die Verben (Tunwörter) in den verschiedenen Formen.

	lieben		fragen		zeigen	
	lieben	liebt	fragen	fragen	zeigt	zeigt
	liebst	liebt	frage	fragt	zeigen	zeige
	lieben	liebe	fragt	fragst	zeigen	zeigst
ich →	liebe					
du →	liebst					
er, sie, es →	liebt					
wir →	lieben					
ihr →	liebt					
sie →	lieben					

	erleben		erlauben	
	erlebst	erleben	erlaubt	erlauben
	erlebe	erleben	erlaube	erlaubst
	erlebt	erlebt	erlaubt	erlauben
ich →				
du →				
er, sie, es →				
wir →				
ihr →				
sie →				

Wortfamilien

Ordne die Wörter zu Wortfamilien.

fliegen	tragen	leben	ertragen	austragen
erleben	gelebt	Fliege	beleben	getragen
Ausflug	Flieger	es lebt	sie fliegt	du fliegst
es trägt	Beitrag	Trage	Erlebnis	Flugzeug
lebhaft	sie trug	Flügel	lebendig	du trägst
tragbar	er flog	Auftrag	du lebst	vertragen

Wortstamm TRAG

tragen

Wortstamm FLIEG

fliegen

Wortstamm LEB

leben

b oder p | d oder t | g oder k

b oder p, d oder t, g oder k? Verlängere zuerst.

die Win d jacke die Winde	d oder t (d)	der Sie b druck die Siebe	b oder p (b)	der Hem ☐ kragen die ☐	d oder t
die Zu ☐ fahrt die ☐	g oder k	die Pake ☐ post die ☐	d oder t	der Wal ☐ lauf die ☐	d oder t
der We ☐ weiser die ☐	g oder k	der Gel ☐ schein die ☐	d oder t	die Spielzeu ☐ bahn die ☐	g oder k
das Bro ☐ messer die ☐	d oder t	die Drah ☐ bürste die ☐	d oder t	der Fruch ☐ saft die ☐	d oder t
der Die ☐ stahl die ☐	b oder p	der Bil ☐ schirm die ☐	d oder t	die Schran ☐ tür die ☐	g oder k
die Tex ☐ stelle die ☐	d oder t	die Lan ☐ straße die ☐	d oder t	das Lich ☐ zeichen die ☐	d oder t
der Kor ☐ stuhl die ☐	b oder p	die Kin ☐ heit die ☐	d oder t	die Fabri ☐ halle die ☐	g oder k
die Zel ☐ stange die ☐	d oder t	die Ber ☐ steigerin die ☐	g oder k	die Freun ☐ schaft die ☐	d oder t
der Ta ☐ träumer die ☐	g oder k	der Mon ☐ schein die ☐	d oder t	der Bur ☐ graben die ☐	g oder k
der Fel ☐ hase die ☐	d oder t	der Zwer ☐ pudel die ☐	g oder k	das Aben ☐ brot die ☐	d oder t

! Das Verlängern einzelner Wortteile sollte mit den Kindern besprochen werden.

b oder p | d oder t | g oder k

b oder p, d oder t, g oder k? Verlängere zuerst.

das Kal t wasser	d oder (t)		der Star ___ strom	g oder k
das kalte Wasser			der ___ Strom	
das Al ___ papier	d oder t		das Billi ___ angebot	g oder k
das ___ Papier			das ___ Angebot	
die Wil ___ katze	d oder t		die Frem ___ sprache	d oder t
die ___ Katze			die ___ Sprache	
das Ferti ___ haus	g oder k		das Hal ___ jahr	b oder p
das ___ Haus			das ___ Jahr	

b oder p, d oder t, g oder k? Verlängere zuerst.

das Schrei b heft wir schreiben	(b) oder p	die Bra ___ wurst wir ___	d oder t	der Trin ___ becher wir ___	g oder k
der Rei ___ käse wir ___	b oder p	die Tan ___ stelle wir ___	g oder k	das Pum ___ werk wir ___	b oder p
der We ___ stuhl wir ___	b oder p	der Rau ___ ritter wir ___	b oder p	die Den ___ aufgabe wir ___	g oder k
der Kle ___ stoff wir ___	b oder p	der Bin ___ faden wir ___	d oder t	das Stin ___ tier wir ___	g oder k
die Kne ___ masse wir ___	d oder t	das Mer ___ buch wir ___	g oder k	der Schrei ___ tisch wir ___	b oder p

d oder t | g oder k | b oder p

d oder t, g oder k, b oder p? Verlängere zuerst.

jeman d en	d oder t	jeman d	jemand
nieman ☐ en	d oder t	nieman ☐	
hunder ☐ e	d oder t	hunder ☐	
tausen ☐ e	d oder t	tausen ☐	
mu ☐ ig	d oder t	der Mu ☐	
der Frie ☐ en	d oder t	frie ☐ lich	
empfin ☐ en	d oder t	empfin ☐ lich	
verbie ☐ en	d oder t	sie verbo ☐	
schwei ☐ en	g oder k	er schwie ☐	
wie ☐ en	g oder k	es wo ☐	
bie ☐ en	g oder k	sie bo ☐	
wir zo ☐ en	g oder k	sie zo ☐	
mö ☐ en	g oder k	sie ma ☐	
ge ☐ en	b oder p	er ga ☐	
schie ☐ en	b oder p	er scho ☐	
erle ☐ en	b oder p	das Erle ☐ nis	
erlau ☐ en	b oder p	die Erlau ☐ nis	

Unterstreiche Satzanfänge und Nomen (Namenwörter) und schreibe richtig.

X	dieses flugzeug landet. andere flugzeuge starten.	4
	omi kennt fast jedes land. sie bereiste *188* länder.	4
	der strand ist sauber. viele strände sind es nicht.	4
	der wald ist wichtig. wir müssen wälder schützen.	4
	der krieg ist kein abenteuer! kriege sind schlimm!	4
	der zwerg singt ein lied. die zwerge lieben lieder.	6

Dieses Flugzeug landet. Andere Flugzeuge starten.

Schreibe die Texte auf Seite 34 neben die passenden Bilder.

X	Friedrich wünscht sich Frieden. Also ist er friedlich.	d oder t
○	Knorke sucht Zeugen. Wer entsorgte sein Zeugnis?	g oder k
○	Wir biegen Bögen. Wer jedoch bog je eine Banane?	g oder k
○	Pia möchte Früchte wiegen. Zuvor wog sie Gemüse.	g oder k
○	Wim wollte schweigen und schwieg für sechs Tage.	g oder k
○	Alle zogen die Schuhe an. Leo zog die Schuhe aus.	g oder k
○	Alle schieben das Auto an. Erst schob Oma alleine.	b oder p
○	Wir erleben viel. Nicht alle Erlebnisse behalten wir.	b oder p
○	Wir erlauben uns viel. Wer gab dafür die Erlaubnis?	b oder p

Markiere Trennstellen und schreibe die Wörter getrennt auf. 3

Ur|laub	jemand	Erlebnis	Erlaubnis
blind	Strand	Zeugnis	Flugzeug
Brand	tausend	friedlich	empfindlich

Ur-laub

Schreibe die Texte von Seite 33 neben die passenden Bilder.

Friedrich wünscht sich Frieden. Also ist er friedlich.

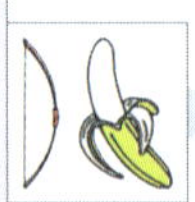

Wer erlaubt uns das?

Wir erleben viel.

Merkwörter mit X/x

Schreibe die Merkwörter mit X/x.				
Nixe	Boxer	boxen	Text	Lexikon
Hexe	Experte	Mixer	Axt	Saxofon
extra	Mexiko	Praxis	Taxi	Xylofon

Nixe

Trage die Merkwörter mit X/x in die Lücken ein.			
Saxofon/Xylofon	Hexe/Taxi	Alexandra/Axel	Text/Mexiko
Experte/Lexikon	Praxis/extra	Max/Axt	mixen/Mixer

Theo schreibt einen Text über das Land Mexiko.

________ und ________ sind Musikinstrumente.

Die ________ von Dr. Husten hat ________ lange geöffnet.

________ und ________ sind Geschwister.

Auch der ________ schlägt im ________ nach.

Die kleine ________ fährt mit einem ________ zur Zauberschule.

________ hackt Holz für den Ofen mit einer scharfen ________.

Mimi und Mia ________ Milchshakes mit einem ________.

! Mit bearbeiteten Lückentexten können Kinder das richtige Abschreiben üben.

Merkwörter mit V/v

Schreibe die Merkwörter mit V/v.

Adjektiv	Verb	Vogel	vier	vielleicht
Karneval	Vater	Klavier	brav	November
Vokabel	Vase	Vokal	voll	vollständig

Adjektiv ____ ____
____ ____ ____
____ ____ ____
____ ____ ____
____ ____ ____

Trage die Merkwörter mit V/v in die Lücken ein.

Adjektiv/Verb	Vater/Vase	vier/Vokabeln	voll/vollständig
Vokal/Vögel	brav/Klavier	November/viel	Karneval/vielleicht

Vanessa lernt jeden Tag vier englische Vokabeln.

Ein ____ ist ein Wiewort. Ein ____ ist ein Tunwort.

Veras ____ stellt viele Veilchen in eine violette ____.

Ein Fass ist ____. Ein anderes ist ____ leer.

Evi trägt ____ ____ ein Affenkostüm.

Im ____ ist es meistens ____ kälter als im Juli.

Der kleine Viktor übt jeden Tag ____ auf dem ____.

Ein ____ ist ein Selbstlaut. ____ wissen das nicht.

Ver-/ver-

Schreibe die Wörter mit dem Wortbaustein **Ver-/ver-**.

verpacken	Verpackung	verstehen	Verstand	versuchen
Versuch	verbrennen	Verbrennung	verdienen	Verdienst
verbieten	Verbot	verkaufen	Verkauf	verbrauchen

verpacken

Bilde sinnvolle Verben (Tunwörter) mit dem Wortbaustein **ver-**.

ver-	☐ -streicheln	☒ -schlafen	☒ -brauchen	☒ -kaufen
	verschlafen	verbrauchen	verkaufen	
ver-	☐ -dienen	☐ -folgen	☐ -suchen	☐ -impfen
ver-	☐ -laufen	☐ -brüllen	☐ -ändern	☐ -bieten
ver-	☐ -packen	☐ -schützen	☐ -raten	☐ -stehen
ver-	☐ -reisen	☐ -lieben	☐ -bellen	☐ -lassen
ver-	☐ -biegen	☐ -losen	☐ -tragen	☐ -sitzen

Vor-/vor-

Schreibe die Wörter mit dem Wortbaustein **Vor-/vor-**.

Vormittag	vorführen	Vorführung	vorspielen	Vorname
vorlassen	vorstellen	Vorstellung	vorsichtig	Vorsicht
vorfahren	Vorfahrt	vorgestern	vorschlagen	vorlesen

Bilde sinnvolle Verben (Tunwörter) mit dem Wortbaustein **vor-**.

vor-	☒ -schreiben	☐ -beißen	☒ -schlagen	☒ -gehen
	vorschreiben	vorschlagen	vorgehen	
vor-	☐ -fahren	☐ -lesen	☐ -donnern	☐ -stellen
vor-	☐ -führen	☐ -singen	☐ -setzen	☐ -grüßen
vor-	☐ -lassen	☐ -riechen	☐ -tragen	☐ -turnen
vor-	☐ -finden	☐ -werfen	☐ -spielen	☐ -kneifen
vor-	☐ -schneien	☐ -sagen	☐ -zeigen	☐ -ziehen

Schreibe die Verben (Tunwörter) in den verschiedenen Formen.

	verbieten		verbrauchen	
	verbietest	verbieten	verbrauchen	verbrauchst
	verbietet	verbiete	verbraucht	verbrauchen
	verbieten	verbietet	verbraucht	verbrauche
ich →	verbiete			
du →	verbietest			
er, sie, es →	verbietet			
wir →	verbieten			
ihr →	verbietet			
sie →	verbieten			

	verschließen		vorschlagen	
	verschließt	verschließt	schlage vor	schlägst vor
	verschließe	verschließt	schlagen vor	schlägt vor
	verschließen	verschließen	schlagen vor	schlagt vor
ich →				
du →				
er, sie, es →				
wir →				
ihr →				
sie →				

ab- mit- um-

Bilde sinnvolle Verben (Tunwörter) mit den Wortbausteinen **ab-**, **mit-** und **um-**.

ab-	☒ -stimmen	☐ -hoffen	☒ -wechseln	☒ -schließen
	abstimmen	abwechseln	abschließen	
ab-	☐ -fahren	☐ -stellen	☐ -träumen	☐ -putzen
ab-	☐ -warten	☐ -steigen	☐ -piepsen	☐ -holen
ab-	☐ -spülen	☐ -biegen	☐ -geben	☐ -brüllen
mit-	☐ -reden	☐ -helfen	☐ -schneien	☐ -fahren
mit-	☐ -dampfen	☐ -reisen	☐ -essen	☐ -geben
mit-	☐ -spielen	☐ -singen	☐ -laufen	☐ -werden
mit-	☐ -teilen	☐ -knistern	☐ -zählen	☐ -halten
um-	☐ -graben	☐ -schimpfen	☐ -drehen	☐ -kippen
um-	☐ -riechen	☐ -hängen	☐ -werfen	☐ -stoßen
um-	☐ -fahren	☐ -steigen	☐ -rühren	☐ -ärgern
um-	☐ -lachen	☐ -ziehen	☐ -binden	☐ -fallen

aus- auf- be-

Bilde sinnvolle Verben (Tunwörter) mit den Wortbausteinen **aus-**, **auf-** und **be-**.

aus-	☐ -ziehen	☐ -reißen	☐ -grunzen	☐ -packen
aus-	☐ -gießen	☐ -jammern	☐ -brüten	☐ -füllen
aus-	☐ -halten	☐ -fallen	☐ -schaffen	☐ -teilen
aus-	☐ -schützen	☐ -reden	☐ -ruhen	☐ -atmen
auf-	☐ -geben	☐ -hören	☐ -drehen	☐ -raten
auf-	☐ -kneifen	☐ -stehen	☐ -setzen	☐ -bauen
auf-	☐ -essen	☐ -stellen	☐ -wecken	☐ -fühlen
auf-	☐ -frieren	☐ -lösen	☐ -fallen	☐ -halten
be-	☐ -eilen	☐ -setzen	☐ -knittern	☐ -laden
be-	☐ -fahren	☐ -ziehen	☐ -hopsen	☐ -lügen
be-	☐ -grüßen	☐ -stehen	☐ -brennen	☐ -greifen
be-	☐ -sitzen	☐ -stellen	☐ -sorgen	☐ -bohren

zu- **ein-** **an-**

Bilde sinnvolle Verben (Tunwörter) mit den Wortbausteinen **zu-**, **ein-** und **an-**.

zu-	☐ -knabbern	☐ -packen	☐ -drehen	☐ -hören
zu-	☐ -sehen	☐ -beißen	☐ -schlafen	☐ -jubeln
zu-	☐ -üben	☐ -geben	☐ -sagen	☐ -greifen
zu-	☐ -spielen	☐ -glitzern	☐ -lächeln	☐ -fassen
ein-	☐ -packen	☐ -kämmen	☐ -laden	☐ -atmen
ein-	☐ -reiben	☐ -sehen	☐ -fressen	☐ -werfen
ein-	☐ -gießen	☐ -ziehen	☐ -tragen	☐ -grüßen
ein-	☐ -füllen	☐ -üben	☐ -frieren	☐ -zeigen
an-	☐ -ziehen	☐ -bieten	☐ -kennen	☐ -brüllen
an-	☐ -geben	☐ -wechseln	☐ -führen	☐ -packen
an-	☐ -fühlen	☐ -nähen	☐ -trennen	☐ -sehen
an-	☐ -streiten	☐ -malen	☐ -fangen	☐ -zünden

er- ent- zer-

Bilde sinnvolle Verben (Tunwörter) mit den Wortbausteinen **er-**, **ent-** und **zer-**.

er-	☐ -bauen	☐ -schieben	☐ -kennen	☐ -frieren
er-	☐ -brennen	☐ -ziehen	☐ -füllen	☐ -leben
er-	☐ -klären	☐ -setzen	☐ -warten	☐ -fließen
er-	☐ -zählen	☐ -finden	☐ -schwitzen	☐ -raten
ent-	☐ -gehen	☐ -beißen	☐ -stehen	☐ -werfen
ent-	☐ -führen	☐ -halten	☐ -streichen	☐ -rätseln
ent-	☐ -leihen	☐ -falten	☐ -lassen	☐ -kochen
ent-	☐ -binden	☐ -zünden	☐ -treffen	☐ -reißen
zer-	☐ -stechen	☐ -füttern	☐ -beißen	☐ -fließen
zer-	☐ -stoßen	☐ -kratzen	☐ -blitzen	☐ -stören
zer-	☐ -sägen	☐ -kauen	☐ -fallen	☐ -passen
zer-	☐ -teilen	☐ -reißen	☐ -reiben	☐ -suchen

Groß- und Kleinschreibung

Unterstreiche Satzanfänge und Nomen (Namenwörter) und schreibe richtig.

◯	in der stadt ist zu viel verkehr. wir verspäten uns. 4
◯	die verschmutzung der natur ist streng verboten! 3
◯	leos verein verliert das spiel unglücklich mit *1:18*. 3
◯	der torwart ist verletzt. seine verletzung heilt gut. 4
◯	ein viereck hat vier ecken. erni vergaß es einmal. 4
◯	noch vor der vorstellung stellt sich ein clown vor. 3

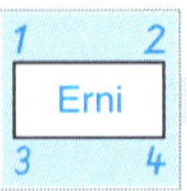

Abschreiben

Silbentrennung

Schreibe die Texte auf Seite 46 neben die passenden Bilder.

◯	Würste verbrennen leicht. Drei verbrannten bereits.	Ver-/ver-
◯	Omi verbietet nicht viel. Opa verbot sie zu rauchen.	Ver-/ver-
◯	Kai hat das Heft vergessen. Er vergaß es schon oft.	Ver-/ver-
◯	Kinder verlieren Zähne. Arne verlor drei auf einmal.	Ver-/ver-
◯	Verbrauch von sehr viel Zucker fördert Zahnverlust.	Ver-/ver-
◯	Vorsicht im Straßenverkehr! Vati ist stets vorsichtig.	Vor-/vor-
◯	Wir überqueren Straßen und beachten die Vorfahrt.	Vor-/vor-
◯	Uli beginnt mit der Arbeit. Andere begannen früher.	be-
◯	Die Ferien haben begonnen und wir sind begeistert.	be-

Markiere Trennstellen und schreibe die Wörter getrennt auf. 0

ver|ei|nen	Verspätung	bevor	Vorfahrt
abspülen	aufräumen	zurück	einladen
entgegen	begrüßen	zuletzt	erwarten

ver-ei-nen

Abschreiben

Schreibe die Texte von Seite 45 neben die passenden Bilder.

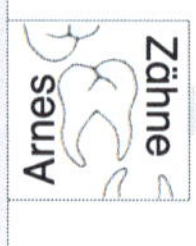

Schreibe die Adjektive (Wiewörter) mit dem Wortbaustein -ig.

schläfrig	richtig	fertig	klebrig	ständig	vollständig
wichtig	flüssig	lebendig	rutschig	schwierig	vorsichtig

Ordne zu.

gi~~ft~~ig	dreckig	schmutzig	fleißig	durstig	sandig
mutig	kräftig	häufig	eckig	ruhig	sonnig

das Gift	der Dreck	der Schmutz
giftig		
der Fleiß	**der Durst**	**der Sand**
der Mut	**die Kraft**	**der Haufen**
die Ecke	**die Ruhe**	**die Sonne**

Kreuze an.

Der Wortbaustein -ig verwandelt eine Reihe von Nomen (Namenwörtern) in

☐ Artikel (Begleiter). ☐ Adjektive (Wiewörter). ☐ Verben (Tunwörter).

Mache das **g** in den Wörtern mit **-ig** durch Verlängern hörbar.

lustig	sonnig
ein lustiger Clown	ein ______ Tag
flüssig	sandig
ein ______ Eigelb	ein ______ Fußboden
eckig	hungrig
eine ______ Brille	eine ______ Raupe
fleißig	durstig
eine ______ Biene	ein ______ Kamel
häufig	richtig
ein ______ Wechsel	eine ______ Antwort
kräftig	vorsichtig
ein ______ Schauer	ein ______ Schritt
ruhig	schwierig
ein ______ Schlaf	eine ______ Aufgabe
wichtig	dreckig
ein ______ Thema	ein ______ Schuh
fertig	schmutzig
ein ______ Kuchen	die ______ Hose
windig	vollständig
ein ______ Wetter	elf ______ Puzzles

-lich

Schreibe die Adjektive (Wiewörter) mit dem Wortbaustein -lich.

süßlich	ähnlich	länglich	wirklich	fröhlich	ordentlich
plötzlich	deutlich	rundlich	nützlich	möglich	lächerlich

Ordne zu.

kindlich	glücklich	natürlich	schrecklich	künstlich	jugendlich
pünktlich	jährlich	gefährlich	ängstlich	ehrlich	friedlich

das Kind	das Glück	die Natur
kindlich		
der Schreck	**die Kunst**	**die Jugend**
der Punkt	**das Jahr**	**die Gefahr**
die Angst	**die Ehre**	**der Frieden**

Kreuze an.

Der Wortbaustein -lich verwandelt eine Reihe von Nomen (Namenwörtern) in

☐ Artikel (Begleiter). ☐ Adjektive (Wiewörter). ☐ Verben (Tunwörter).

A/a wird Ä/ä   au wird äu

Schreibe die verwandten Wörter mit **A/a** oder **au**.

die **Bälle**	die **Zähne**	die **Kämme**
der Ball	der	der
die **Länder**	die **Drähte**	die **Blätter**
das	der	das
die **Ärzte**	die **Brände**	die **Stämme**
der	der	der
die **Städte**	die **Späße**	die **Männer**
die	der	der
die **Pässe**	die **Kräfte**	die **Strände**
der	die	der
die **Nähte**	die **Wälder**	die **Ängste**
die	der	die
die **Häuser**	die **Kräuter**	die **Bäuche**
das	das	der
die **Zäune**	die **Mäuse**	die **Träume**
der	die	der
die **Häute**	die **Bäume**	die **Sträucher**
die	der	der
die **Läuse**	die **Räume**	die **Sträuße**
die	der	der

Schreibe die verwandten Wörter mit A/a oder au.

färben	wählen	hängen
die Farbe	die	der
zählen	blättern	kämmen
die	das	der
quälen	kämpfen	schälen
die	der	die
täglich	jährlich	männlich
der	das	der
kräftig	ängstlich	gefährlich
die	die	die
ländlich	städtisch	stämmig
das	die	der
ärztlich	nächtlich	schädlich
der	die	der
träumen	räuchern	schäumen
der	der	der
räumen	aufräumen	räumlich
der	der	der
häuslich	gläubig	häufig
das	der	der

A/a wird Ä/ä   au wird äu

Schreibe die verwandten Wörter mit a oder au.

die Fähre	der Bäcker	die Wäsche
wir fahren	wir	wir
der Jäger	das Päckchen	der Schläger
wir	wir	wir
das Gefährt	der Fänger	das Gewächs
wir	wir	wir
der Träger	das Gebäck	das Gefängnis
wir	wir	wir
es fällt	sie lässt	er schläft
wir	wir	wir
es hält	sie fährt	es wächst
wir	wir	wir
er trägt	sie gräbt	er schlägt
wir	wir	wir
sie rät	sie fängt	er wäscht
wir	wir	wir
der Käufer	der Räuber	der Läufer
wir	wir	wir
das Gebäude	sie läuft	es säuft
wir	wir	wir

A/a wird Ä/ä   au wird äu

Schreibe die verwandten Wörter mit a oder au.

die Wärme	die Schärfe	die Stärke
warm		
die Länge	die Nähe	die Kälte
die Härte	die Schwäche	die Nässe
kälter	länger	wärmer
näher	härter	schärfer
älter	stärker	schwächer
wärmen	nähern	verlängern
verstärken	verschärfen	erkälten
läuten	säubern	bräunen
bräunlich	bläulich	säuerlich

A/a wird Ä/ä | au wird äu

Schreibe die verwandten Wörter mit Ä/ä oder äu.

der Arm	Ä	der Ärmel	der Ärmel
Europa	ä	der Europ__er	
der Alarm	ä	der L__rm	
der Arzt	Ä	die __rztin	
die Stange	ä	der St__ngel	
die Nahrung	ä	wir ern__hren	
die Naht	ä	wir n__hen	
klar	ä	wir erkl__ren	
anders	ä	wir __ndern	
lachen	ä	sie l__chelt	
ausfallen	ä	es f__llt aus	
aufwachsen	ä	es w__chst auf	
raten	ä	das R__tsel	
schaffen	ä	das Gesch__ft	
rauschen	äu	das Ger__sch	
saugen	äu	der S__gling	
das Haupt	äu	der H__ptling	

Schreibe die Texte auf Seite 56 neben die passenden Bilder.

○	Wir lassen Drachen steigen. Der Wind lässt das zu.	ä
○	Heute backen wir Plätzchen. Oma bäckt jeden Tag.	ä
○	Der Frosch will viele Fliegen fangen. Er fängt keine.	ä
○	Verraten Zauberer ihre Tricks? Dieser verrät nichts.	ä
○	Jim will Wäsche waschen. Er wäscht Wäsche gern.	ä
○	Oma und Opa fahren Einrad. Oma fährt Opa davon.	ä
○	Alle tragen T-Shirts. Heiner trägt Mantel und Schal.	ä
○	Äpfel fallen vom Baum. Einer fällt in Sörens Schuh.	Ä/ä
○	Alle laufen rechtsherum. Nur Malte läuft nach links.	äu

Markiere Trennstellen und schreibe die Wörter getrennt auf. *0*

Ärz|tin	Gebäude	Wälder	ändern
ärgern	Geschäft	Länder	erklären
häufig	ängstlich	Stängel	gefährlich

Ärz-tin

Abschreiben

Schreibe die Texte von Seite 55 neben die passenden Bilder.

Groß- und Kleinschreibung

Unterstreiche Satzanfänge und Nomen (Namenwörter) und schreibe richtig.

◯	die suppe ist scharf. ihre schärfe spürt man sehr.	4
◯	die stadt köln ist groß. andere städte sind größer.	5
◯	uli hat angst vor küken. sie machen ihn ängstlich.	4
◯	ein hartes ei kann nicht härter als ein felsen sein.	3
◯	theodor möchte viele brote backen. er ist bäcker.	4
◯	lena hat einen traum. sie träumt von einem pony.	4

Köln

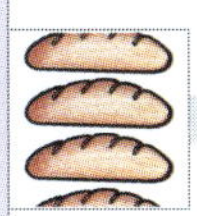

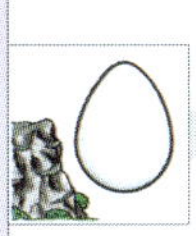

Eu/eu

Schreibe die Wörter mit **Eu/eu**.

Feuer	Europa	leuchten	Kreuz	Kreuzung
treu	deutlich	Flugzeug	deutsch	Deutschland
Steuer	steuern	Zeugnis	feucht	Feuchtigkeit

___	___	___
___	___	___
___	___	___
___	___	___
___	___	___

Trage die Wörter mit **Eu/eu** in die Lücken ein.

treu/Kreuzung	Feuchtigkeit/Feuer	Deutschland/Europa	leuchtet/deutlich
Steuer/feucht	Freund/deutsch	Zeugnis/Kreuzen	steuert/Flugzeug

___ ist ein Land in ___.

Der Pilot ___ das ___ sicher nach Berlin.

Bei ___ brennt ein ___ schlecht.

Der Mond ___. Er ist ___ zu erkennen.

Kein Rektor unterschreibt ein ___ mit ___.

Peters Pudel wartet ___ neben ihm an der ___.

Igor und sein ___ reden ___ miteinander.

Es regnet in das Boot. Das ___ ist schon ___.

Lange und kurze Vokale

Sind die Vokale lang (—) oder kurz (●)?

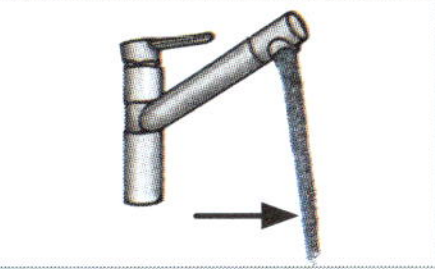	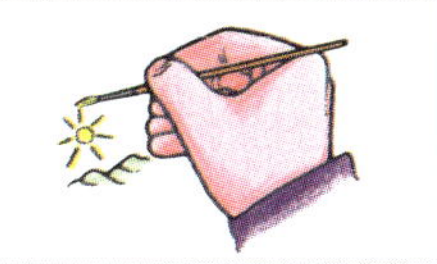			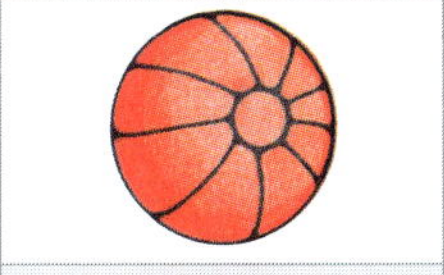	
Wasser	malen	Fass	Hase	Ball	Tasse
●	—				
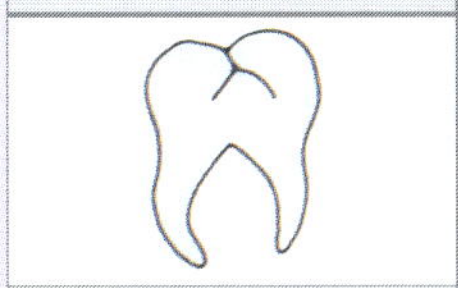	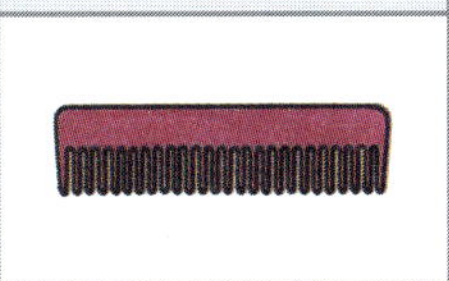				
Zahn	Kamm	Bahnhof	schlafen	Hahn	Lamm
	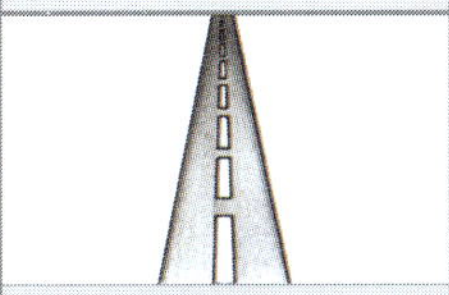				
Gabel	Straße	Blatt	Hammer	Affe	Ameise
	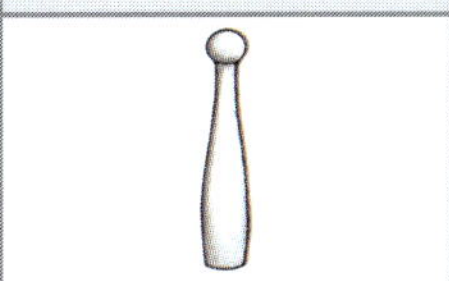		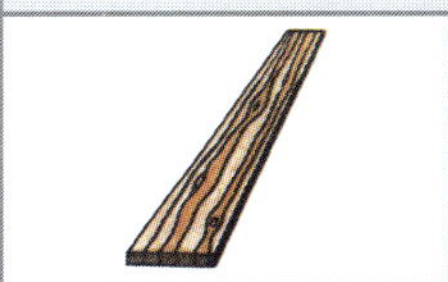		
Messer	Kegel	Feder	Brett	Besen	heben
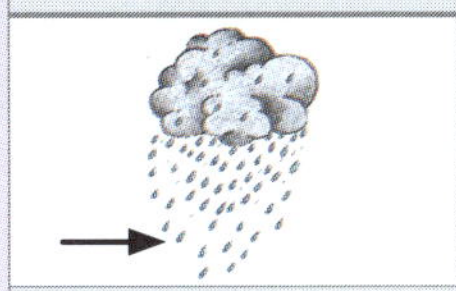	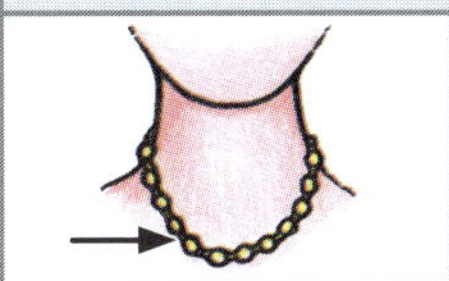				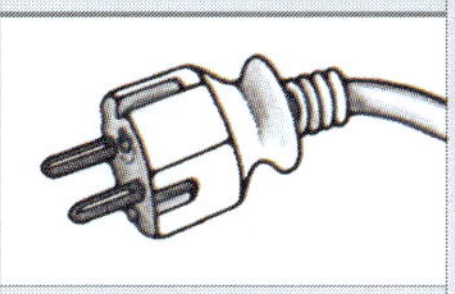
Regen	Kette	zehn	Teller	geben	Stecker
		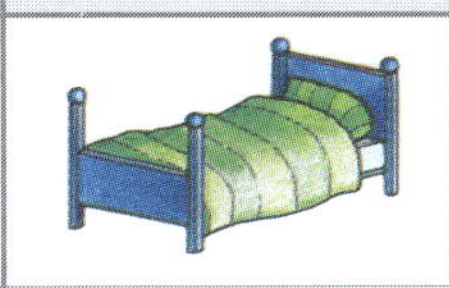	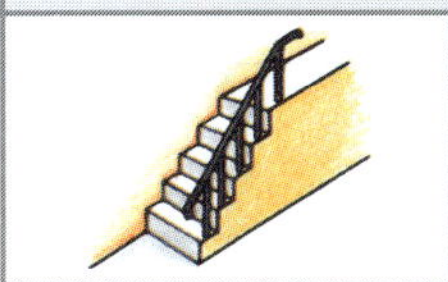		
Teddy	Reh	Bett	Treppe	Esel	Ente

! Zur Schulung des Sprachgefühls sind vorbereitende und ergänzende Sprech- und Hörübungen ratsam.

Lange und kurze Vokale

Sind die Vokale lang (—) oder kurz (●)?

Krone	Dose	Pommes	Glocke	Brot	Trommel
		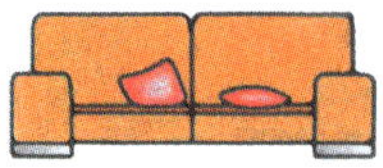	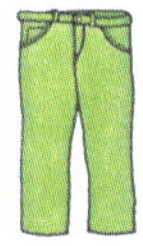		
Roller	Schloss	Sofa	Hose	Sonne	Vogel
		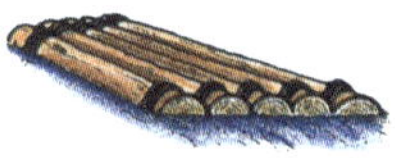			
Koffer	Rose	Floß	Tonne	Ordner	Oma
			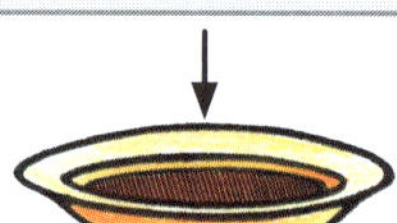		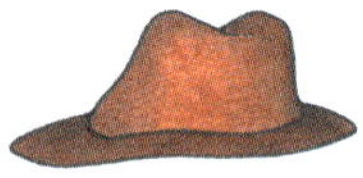
Schule	Huhn	Fluss	Suppe	Buch	Hut
	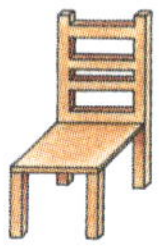				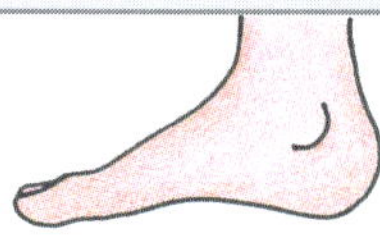
null	Stuhl	Brunnen	Lupe	Tunnel	Fuß
					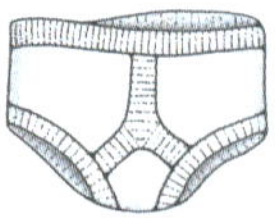
Blume	Butter	Puppe	Nuss	Ufo	Unterhose

Lange und kurze Vokale (Umlaute)

Sind die Vokale lang (—) oder kurz (●)?

Blätter	Käfig	Kämme	Jäger	Käse	Fässer
☐	☐	☐	☐	☐	☐

Bälle	Käfer	Säge	Männer	Äpfel	Ähre
☐	☐	☐	☐	☐	☐

Löffel	Möhre	Löwe	Röcke	Töpfe	Flöte
☐	☐	☐	☐	☐	☐

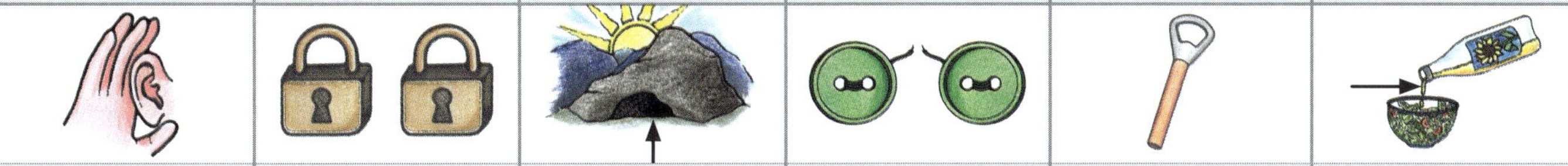

hören	Schlösser	Höhle	Knöpfe	Öffner	Öl
☐	☐	☐	☐	☐	☐

Müll	Blüte	Schlüssel	Pfütze	grün	Flügel
☐	☐	☐	☐	☐	☐

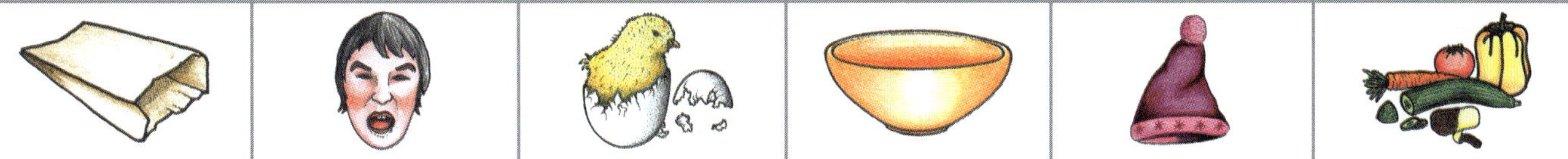

Tüte	brüllen	Küken	Schüssel	Mütze	Gemüse
☐	☐	☐	☐	☐	☐

ie

Schreibe die Wörter mit ie.

gießen	schließen	fließen	niemand	verbieten
biegen	schwierig	riechen	kriechen	vielleicht
ziehen	spazieren	Spiegel	niemals	verlieren

gießen ______ ______

______ ______ ______

______ ______ ______

______ ______ ______

______ ______ ______

Trage die Wörter mit ie in die Lücken ein.

Lied/friedliche	nummeriert/Kiefern	schiebt/tief
informiert/Ziel	friert/Spaziergang	Stiel/wiegt

Der Pizzabäcker ______ die Pizza ______ in den Ofen.

Pia singt ein ______ über fünf ______ Ferkel.

Uli ______ bei dem ______ durch die Kälte.

Der ______ eines Besens ______ nicht sehr viel.

Der Läufer ______ sich im ______ über seine Zeit.

Opa ______ alle ______ im Wald.

Kreuze an.

Wie wird ein lang gesprochenes i meistens geschrieben? ☐ i ☐ ie

! Zur Schulung des Sprachgefühls sind vorbereitende und ergänzende Sprech- und Hörübungen ratsam.

Je ein Wort aus der grauen und der weißen Hälfte reimen sich. Schreibe die Reimpaare.

~~Fliege~~	Ziel	biegen	fließen	verlieren	Miete
Wiese	tief	Lieder	riechen	schieben	vier
ziehen	wie	er ließ	Spiegel	verbieten	Dieb
Riese	Niete	Ziegel	wieder	spazieren	Brief
~~Liege~~	Tier	lieben	wiegen	schließen	Stiel
mieten	Knie	er hieß	fliehen	kriechen	Sieb

Fliege
Liege

Silbentrennung

Markiere Trennstellen und schreibe die Wörter getrennt auf. 0

Kie|fer	Biene	spielen	schieben
biegen	Tiefe	kriechen	verlieren
riechen	Briefe	spiegeln	schwierig
wiegen	lieben	niemand	verbieten
Frieden	Wiese	Zwiebel	schließen
fliegen	sieben	niemals	spazieren
fließen	liegen	gießen	informieren

Kie-fer

! Das Trennen von Wörtern mit ie sollte mit den Kindern besprochen werden.

Verben (Tunwörter)

Schreibe die Verben (Tunwörter) in den verschiedenen Formen.

	schieben		riechen		kriechen	
	schiebt	schieben	rieche	riechst	kriechen	kriecht
	schiebst	schiebt	riecht	riechen	kriechen	krieche
	schieben	schi~~e~~be	riecht	riechen	kriechst	kriecht
ich →	schiebe					
du →						
er, sie, es →						
wir →						
ihr →						
sie →						

	spielen		frieren		schießen	
	spielen	spielt	friert	friert	schießt	schießt
	spielen	spielt	friere	frieren	schießen	schießt
	spielst	spiele	frieren	frierst	schieße	schießen
ich →						
du →						
er, sie, es →						
wir →						
ihr →						
sie →						

Verben (Tunwörter)

Schreibe die Verben (Tunwörter) in den verschiedenen Formen.

	ziehen		wiegen		biegen	
	ziehen	ziehst	wiegst	wiegen	biegst	biegen
	zieht	zieht	wiegt	wiege	biegt	biege
	ziehen	ziehe	wiegen	wiegt	biegen	biegt
ich →						
du →						
er, sie, es →						
wir →						
ihr →						
sie →						

Ordne zu.

schieben	wiegen	verlieren	fliegen	fließen	kriechen
gießen	biegen	schließen	ziehen	frieren	verbieten

sie schob	sie wog	sie verlor
wir schieben	wir	wir
sie flog	**es floss**	**sie kroch**
wir	wir	wir
sie goss	**er bog**	**er schloss**
wir	wir	wir
er zog	**es fror**	**er verbot**
wir	wir	wir

Schreibe die Texte auf Seite 68 neben die passenden Bilder.

◯	Rolfs friedliche Oma verbietet Rolf nie Eis am Stiel.	ie
◯	Wer schiebt den schief hängenden Spiegel gerade?	ie
◯	Ohne ein Beispiel sind viele Aufgaben zu schwierig.	ie
◯	Die Schnecke muss niemandem eine Miete zahlen.	ie
◯	Heute informieren wir uns über Ziegen und Fliegen.	ie
◯	Mamas Knie riecht nie nach Spiegelei mit Zwiebeln.	ie
◯	Lea liegt auf der Wiese und liest Leos Liebesbriefe.	ie
◯	Frieda schließt die Tür und kriecht frierend ins Bett.	ie
◯	Soße soll fließen. Sonst lässt sie sich nicht gießen.	ie

Markiere Trennstellen und schreibe die Wörter getrennt auf. 5

tief	tie|fer	Krieg	Kriege
Ziel	Ziele	schief	schiefer
Lied	Lieder	Beispiel	Beispiele

tief

tie-fer

Abschreiben

Schreibe die Texte von Seite 67 neben die passenden Bilder.

Bitte ein Beispiel!

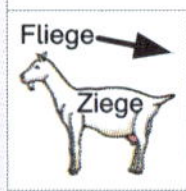

Rolf mag Eis am Stiel.

Lea • Leo

Friedas

Bett

Soße soll fließen.

Groß- und Kleinschreibung

Unterstreiche Satzanfänge und Nomen (Namenwörter) und schreibe richtig.

- oma singt bei spaziergängen sieben liebeslieder. 3
- im wald nummeriert und skizziert tim vier kiefern. 4
- in den tiefen ozeanen gibt es riesige tintenfische. 3
- wim hatte noch nie schwierigkeiten mit dem knie. 3
- helga sprach mit niemandem. sie schwieg lieber. 2
- eine fliegende biene spiegelt sich hier im wasser. 3

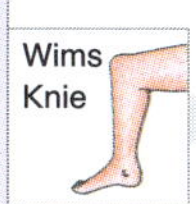

Schreibe die Wörter mit ll.

Keller	Brille	Müll	überall	alle	schnell
Quelle	Teller	still	rollen	null	Kontrolle
Schall	fallen	hell	sollen	Ball	herstellen
stellen	füllen	Füller	wollen	voll	vollständig

Keller

Schreibe die Reimpaare.

rollen	Quelle	Teller	Schall	Brille	voll
toll	Keller	Stelle	Stille	wollen	Stall

rollen
wollen

Schreibe die Wörter mit mm.

Summe	dumm	Dummheit	Pommes	sammeln	Sammlung
schlimm	Himmel	Programm	Stämme	Stamm	Schwamm
kommen	Kamm	kämmen	stimmen	bestimmt	Trommel
Sommer	Zimmer	Nummer	Hammer	Flamme	klemmen

Summe

Schreibe die Reimpaare.

Himmel	immer	Stamm	klemmen	Nummer	dumm
Schimmel	stumm	Kummer	Kamm	stemmen	Zimmer

Himmel
Schimmel

Schreibe die Wörter mit nn.

dünn	Sonne	Donner	donnern	begann	begonnen
Mann	Männer	Tunnel	drinnen	gewann	gewonnen
Tanne	rennen	rannte	brennen	brannte	verbrannte
kennen	kannte	Tonne	Brunnen	Spinne	Erinnerung

Schreibe die Reimpaare.

Tanne	rennen	rannte	Sonne	begann	begonnen
brannte	gewann	Kanne	Tonne	kennen	gewonnen

Tanne
Kanne

Verben (Tunwörter)

Schreibe die Verben (Tunwörter) in den verschiedenen Formen.

	beginnen		gewinnen	
	beginnst	beginnen	gewinnen	gewinnst
	beginnt	beginne	gewinnt	gewinnen
	beginnen	beginnt	gewinnt	gewinne
ich →				
du →				
er, sie, es →				
wir →				
ihr →				
sie →				

	schwimmen		herstellen	
	schwimmt	schwimmt	stellen her	stellst her
	schwimme	schwimmst	stelle her	stellen her
	schwimmen	schwimmen	stellt her	stellt her
ich →				
du →				
er, sie, es →				
wir →				
ihr →				
sie →				

Wortfamilien

Ordne die Wörter zu Wortfamilien.

~~stellen~~	~~fallen~~	~~rollen~~	aufrollen	hinfallen
er rollt	Stelle	du fällst	du stellst	umstellen
Unfall	Rolle	Röllchen	umfallen	entrollen
Fälle	fällig	gestellt	bestellen	auffallen
Roller	falls	sie stellt	gefallen	abstellen
Abfall	Zufall	du rollst	abrollen	anstellen

Wortstamm FALL

fallen

Wortstamm ROLL

rollen

Wortstamm STELL

stellen

Schreibe die Wörter mit ss.

lassen	nass	Messer	besser	Wasser	Interesse
Tasse	Kuss	wissen	wusste	bisschen	vergessen
Pässe	Pass	Nässe	es lässt	Schüssel	Schlüssel
Klasse	Nuss	messen	Fluss	Flüsse	Flüssigkeit

Schreibe die Reimpaare.

Pässe	sie biss	Fluss	es goss	er frisst	Messer
sie riss	es floss	Nuss	er vergisst	besser	Nässe

Schreibe die Wörter mit tt.

Bett	Brett	Butter	klettern	kaputt	Schatten
glatt	Blatt	Blätter	Zettel	Wetter	schütteln
Gott	bitten	Ritter	Platte	Mutter	Gewitter
satt	Fett	fettig	Mitte	Mittag	Mittwoch

Schreibe die Reimpaare.

Bett	Schatten	schütteln	glatt	Mitte	Ritter
platt	Gewitter	Ratten	Fett	Bitte	rütteln

ff pp 

Schreibe die Wörter mit ff und pp.

Koffer	Stoff	schaffen	Löffel	hoffen	hoffentlich
Öffner	offen	Kartoffel	treffen	trifft	getroffen
Treppe	tippen	Teppich	Suppe	Puppe	schleppen

ff

pp

Schreibe die Reimpaare.

schaffen	hoffen	Schiff	Puppe	tippen	Pappe
Affen	Griff	kippen	offen	Mappe	Suppe

bb dd gg rr

Schreibe die Wörter mit **bb**, **dd**, **gg** und **rr**.

Krabbe	Robbe	knabbern	Hobby	dribbeln	krabbeln
Paddel	Teddy	Pudding	Flagge	Bagger	Roggen
sperren	Herr	Gitarre	irren	starren	knurren

bb

dd

gg

rr

Schreibe die Reimpaare.

sperren	Karre	Barren	Gitarre	Herren	starren

Verben (Tunwörter)

Schreibe die Verben (Tunwörter) in den verschiedenen Formen.

	tippen		hoffen		lassen	
	tippe	tippst	hoffst	hofft	lassen	lasst
	tippt	tippen	hoffen	hofft	lassen	lässt
	tippt	tippen	hoffen	hoffe	lässt	lasse
ich →						
du →						
er, sie, es →						
wir →						
ihr →						
sie →						

	passen		fressen		messen	
	passen	passt	frisst	frisst	misst	misst
	passen	passt	fressen	fressen	messen	messt
	passt	passe	fresse	fresst	messen	messe
ich →						
du →						
er, sie, es →						
wir →						
ihr →						
sie →						

Wortfamilien

Ordne die Wörter zu Wortfamilien.

~~essen~~	~~treffen~~	~~offen~~	Treffpunkt	gegessen
Treffer	Öffner	du isst	das Essen	aufessen
er isst	sie aß	Öffnung	antreffen	getroffen
öffnen	er trifft	trefflich	eröffnen	eintreffen
Esser	essbar	du triffst	du öffnest	zutreffen
er traf	öffnete	geöffnet	sie öffnet	betreffen

Wortstamm TREFF

treffen

Wortstamm OFFEN

offen

Wortstamm ESS

essen

Silbentrennung

Verbinde die passenden Silben und schreibe die Wörter getrennt auf.

Kof Kis	sen fer	Kof-fer	Kis-sen
Mit Näs	te se		
Was Bril	ser le		
Ted Tel	ler dy		
Löf Mes	fel ser		
Quel Klas	se le		
Don Grup	ner pe		
Som Pup	pe mer		
Son Mut	ter ne		
Tan Tas	ne se		
Päs Bet	ten se		
Flüs Bäl	se le		
Blät Schif	ter fe		
Bret Nüs	se ter		
Käm Küs	se me		
Stof Stäm	me fe		
Her Män	ren ner		

Silbentrennung

Verbinde die passenden Silben und schreibe die Wörter getrennt auf.

brül • — • len füt • — • tern	brül-len	füt-tern	
ret • • sen wis • • ten			
bit • • ten es • • sen			
kön • • len fül • • nen			
stel • • len bren • • nen			
fal • • len don • • nern			
klet • • sen mes • • tern			
ren • • nen klap • • pen			
fres • • sen wol • • len			
kom • • men müs • • sen			
tref • • fen zit • • tern			
hof • • fen sol • • len			
ken • • nen las • • sen			
flüs • • fen of • • sig			
stil • • ter fet • • ler			
glat • • ter dün • • ner			
bes • • ler hel • • ser			

Silbentrennung

Markiere Trennstellen und schreibe die Wörter getrennt auf. 0

Löf|fel	Ver|bren|nung	sammeln	Brille
Teller	hoffentlich	passen	offen
Tasse	Flüssigkeit	schaffen	Küsse
Tanne	beginnen	kämmen	Stoffe
besser	schwimmen	Gewitter	voller
messen	Herstellung	Donner	glatter
Quelle	vergessen	Schlüssel	Betten

Löf-fel

Ver-bren-nung

! Das Trennen von Wörtern mit doppeltem Konsonanten (Mitlaut) sollte mit den Kindern besprochen werden.

Wörter mit doppeltem Konsonanten (Mitlaut)

Schreibe die Wörter mit doppeltem Konsonanten (Mitlaut).

Affe

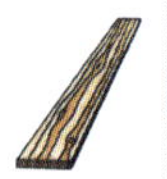
Brett

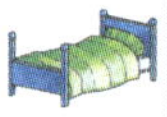

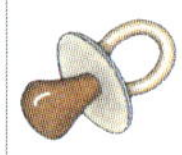

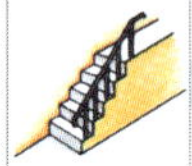

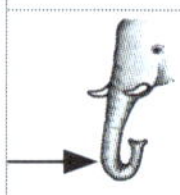

Abschreiben   Silbentrennung

Schreibe die Texte auf Seite 86 neben die passenden Bilder.

◯	Opas Hemd war nass. Es passte ihm nicht und riss.	ss
◯	Hat Tiffi ihr Ei mit dem Löffel getroffen? Wir hoffen!	ff
◯	Es begann zu donnern. Hanni kannte Donner nicht.	nn
◯	Es brannte. Die Tiere rannten. Tannen verbrannten.	nn
◯	Das fett gefütterte Tier macht am Mittag einige satt.	tt
◯	Hinter glatten Gittern ruhen fette Ritter im Schatten.	tt
◯	Im Traum klettert Betty auf Bäume und schüttelt sie.	tt
◯	Die Ozeane sind voller Müll und wir sind die Quelle.	ll
◯	Kalli will so schnell wie der Schall Teller herstellen.	ll

Markiere Trennstellen und schreibe die Wörter getrennt auf. 4

Pass	Päs|se	Stamm	Stämme
Kompass	Kompasse	Programm	Programme
Fluss	Flüsse	dünn	dünner

Pass

Päs-se

Abschreiben

Schreibe die Texte von Seite *85* neben die passenden Bilder.

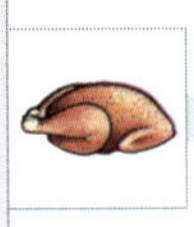

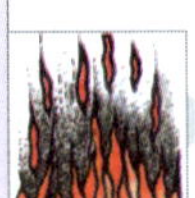

Unterstreiche Satzanfänge und Nomen (Namenwörter) und schreibe richtig.

○	floss je ein fluss hinauf? die frage ist interessant.	4
○	papa sammelte immer schon kämme aus gummi.	3
○	emma ist im sommer immer gern geschwommen.	2
○	wer begoss die haselnuss mit tee aus der tasse?	4
○	bills boss biss täglich mit genuss in eine zwiebel.	4
○	vanessa wusste sich mit dem kompass zu helfen.	2

Emma schwamm gerne.

ck

Schreibe die Wörter mit ck.

Brücke	Wecker	aufwecken	Glück	glücklich	schmecken
zurück	trocken	Schnecke	Block	drücken	schrecklich
Bäcker	backen	Päckchen	eckig	Rücken	entwickeln
dreckig	blicken	entdecken	Stück	Zucker	verpacken

Schreibe die Reimpaare.

backen	Ecke	Druck	Blick	Schreck	schmecken
packen	dick	Decke	Dreck	Schluck	erschrecken

tz

Schreibe die Wörter mit **tz**.

Blitz	blitzen	Platz	nützen	Schmutz	schmutzig
spitz	Schatz	Mütze	Gesetz	verletzen	Verletzung
Hitze	zuletzt	Sätze	kratzen	trotzdem	schwitzen
Katze	setzen	sitzen	Spitze	Schutz	schützen

Schreibe die Reimpaare.

Satz	Schutz	Hitze	schwitzen	setzen	nützen
Spitze	Schmutz	Platz	verletzen	schützen	blitzen

Verben (Tunwörter)

Schreibe die Verben (Tunwörter) in den verschiedenen Formen.

	packen		blicken		drücken	
	packen	packt	blickt	blicken	drückt	drückt
	packe	packst	blicke	blicken	drücke	drückst
	packen	packt	blickt	blickst	drücken	drücken
ich →						
du →						
er, sie, es →						
wir →						
ihr →						
sie →						

	sitzen		putzen		kratzen	
	sitze	sitzt	putzen	putzen	kratzt	kratzen
	sitzen	sitzen	putze	putzt	kratze	kratzt
	sitzt	sitzt	putzt	putzt	kratzt	kratzen
ich →						
du →						
er, sie, es →						
wir →						
ihr →						
sie →						

Schreibe die Texte auf Seite 92 neben die passenden Bilder.

○	Bäcker blicken von Brücken auf Äcker und Hecken.	ck
○	Opi holt zwei dreckige Wecker aus der Verpackung.	ck
○	Hanna malt dicke und eckige Dackel in ihren Block.	ck
○	Das Brötchen ist trocken und schmeckt schrecklich.	ck
○	Mit Glück entdeckt man in Jacken ein Stück Zucker.	ck
○	Mama entwickelt Rezepte mit zerdrückten Karotten.	ck
○	Donner folgt auf Blitz. Das ist ein Gesetz der Natur.	tz
○	Oma rennt an der Spitze und Papa folgt als Letzter.	tz
○	Bei Hitze schwitzen wir als Schutz vor Überhitzung.	tz

Markiere Trennstellen und schreibe die Wörter getrennt auf. 0

schmut|zig	ba|cken	aufwecken	drücken
entdecken	blicken	verpacken	nützen
Verletzung	setzen	schützen	kratzen

schmut-zig

ba-cken

! Das Trennen von Wörtern mit ck und tz sollte mit den Kindern besprochen werden.

Abschreiben

Schreibe die Texte von Seite *91* neben die passenden Bilder.

Silben trennendes h

Markiere Trennstellen und schreibe die Wörter getrennt auf. 0

mähen	leihen	geschehen	glühen
krähen	blühen	drehen	ziehen
wehen	drohen	stehen	fliehen
gehen	sehen	ruhen	nähen
Kühe	Flöhe	Rehe	Schuhe
Zehe	Mühe	Krähe	Truhe
froher	näher	früher	zäher

mä-hen

! Das Trennen von Wörtern mit Silben trennendem h sollte mit den Kindern besprochen werden.

Silben trennendes h

Ordne zu.

~~kräht~~	sieht	leiht	geht	zieht	steht	droht	näht	blüht	ruht
dreht	sprüht	mäht	glüht	flieht	weht	muht	späht	brüht	fleht
Reh	Schuh	Floh	Kuh	Geweih	froh	nah	früh	zäh	roh

krä-hen	se-hen	lei-hen
er kräht	sie	er
ge-hen	zie-hen	ste-hen
sie	er	sie
dro-hen	nä-hen	blü-hen
er	sie	es
ru-hen	dre-hen	sprü-hen
er	sie	er
mä-hen	glü-hen	flie-hen
sie	es	er
we-hen	mu-hen	spä-hen
es	sie	er
brü-hen	fle-hen	die Re-he
sie	er	das
die Schu-he	die Flö-he	die Kü-he
der	der	die
die Gewei-he	noch fro-her	noch nä-her
das		
noch frü-her	noch zä-her	noch ro-her

Verben (Tunwörter)

Schreibe die Verben (Tunwörter) in den verschiedenen Formen.

	gehen		ruhen		sehen	
	gehen	gehen	ruhen	ruhe	siehst	sehen
	gehe	geht	ruhst	ruht	sehe	sehen
	geht	gehst	ruhen	ruht	seht	sieht
ich →						
du →						
er, sie, es →						
wir →						
ihr →						
sie →						

	stehen		drehen		nähen	
	stehen	stehe	drehst	drehen	nähst	nähe
	stehen	steht	dreht	drehe	näht	nähen
	stehst	steht	dreht	drehen	nähen	näht
ich →						
du →						
er, sie, es →						
wir →						
ihr →						
sie →						

Merkwörter mit ß

Schreibe die Merkwörter mit ß.				
Fleiß	süß	fließen	Straße	draußen
Strauß	Maß	außen	reißen	schließen
Spaß	bloß	gießen	grüßen	beißen

Fleiß

Trage die Merkwörter mit ß in die Lücken ein.		
Fleiß/fleißig	Spaß/Späße	Strauß/Sträuße
groß/größer	saß/fraß	Süßigkeiten/süß

„Bitte einen ________ Rosen und elf ________ Tulpen.“

Sehr viel Zucker macht ________ so ________.

________ reimt sich auf Schweiß und ________ auf dreißig.

Ein ________ ist lustig. Sind viele ________ noch lustiger?

Riese Rudi ist ________ und Riese Ronny noch ________.

Der Affe ________ auf dem Ast und ________ jede Menge Bananen.

Kreuze an.

Vokale vor dem ß klingen ☐ lang. ☐ kurz.

Verben (Tunwörter)

Schreibe die Verben (Tunwörter) in den verschiedenen Formen.

	reißen		gießen		beißen	
	reißen	reißen	gießt	gießt	beißt	beißt
	reiße	reißt	gießen	gieße	beiße	beißt
	reißt	reißt	gießt	gießen	beißen	beißen
ich →						
du →						
er, sie, es →						
wir →						
ihr →						
sie →						

	grüßen		heißen		fließen	
	grüße	grüßt	heiße	heißt	fließen	fließt
	grüßen	grüßen	heißen	heißen	fließe	fließt
	grüßt	grüßt	heißt	heißt	fließen	fließt
ich →						
du →						
er, sie, es →						
wir →						
ihr →						
sie →						

Merkwörter mit aa, ee und oo

Schreibe die Merkwörter mit aa, ee und oo.

~~Saal~~	Haare	ein paar	Waage	leer
Beet	Schnee	Erdbeere	See	Tee
Meer	Moos	doof	Boot	Zoo

aa Saal	aa ____	aa ____
aa ____	ee ____	ee ____
ee ____	ee ____	ee ____
ee ____	ee ____	oo ____
oo ____	oo ____	oo ____

Trage die Merkwörter mit aa, ee und oo in die Lücken ein.

Meer/See	Zoo/Aal	Tee/leer	Haare/Schnee
Fee/Erdbeere	Waage/ein paar	Paar/Saal	Boot/Moos

Die Nordsee ist ein ____ und der Bodensee ein ____.

Im ____ sieht Heiner einen alten ____ in einem Aquarium.

Opas lange ____ sind fast so weiß wie ____.

Die ____ zeigt bei Opa ____ Kilos zu viel an.

Das verliebte ____ tanzt einen Walzer im festlichen ____.

Das alte ____ des Fischers ist mit ____ überwachsen.

Im Traum verwandelt eine ____ Opa in eine ____.

Oma ruft: „Warum ist die Dose für den ____ schon ____?“

Merkwörter mit ä

Schreibe die Merkwörter mit ä.

gähnen	Käse	Mädchen	Käfer	Bär
Märchen	Säge	mähen	Lärm	Träne
Käfig	März	krähen	spät	während

________	________	________
________	________	________
________	________	________
________	________	________
________	________	________

Trage die Merkwörter mit ä in die Lücken ein.

Mädchen/März	Tränen/während	Bären/Käfer	Käse/gähnt
Märchen/Käfig	krähen/Lärm	fähig/Säge	mäht/spät

Lottis Lieblingstiere sind ________ und ________.

Im ________ sitzen Hänsel und Gretel im ________.

Omas elf ________ wurden alle im ________ geboren.

Heidis Hähne ________ und verursachen viel ________.

Papa weint viele ________ ________ des Liebesfilms.

Auf dem gelben ________ sitzt ein müder Zwerg und ________.

Maik ________ den Rasen immer ________ am Abend.

Keine Maus ist dazu ________, mit einer ________ zu sägen.

Merkwörter mit langem I/i

Schreibe die Merkwörter mit langem **I/i**.

Kino	Igel	Nilpferd	Biber	Tiger
Apfelsine	Gardine	Lawine	Maschine	Vitamine
Musik	Kilogramm	Medizin	Termin	Berlin

Trage die Merkwörter mit langem **I/i** in die Lücken ein.

Kino/Igel	Apfelsine/Vitamin	Biber/Maschine
Sabine/Termin	Rosine/Kilogramm	Tiger/Medizin

Im ________ läuft ein Film über einen ________ im Winterschlaf.

Der ________ ist ein Nagetier und keine ________.

Eine ________ enthält viel ________ C.

Der kranke ________ erhält vom Tierarzt eine ________.

________ hat um *9.00* Uhr einen ________ beim Arzt.

Eine ________ wiegt kein ________.

Kreuze an.

Wie wird ein lang gesprochenes i normalerweise geschrieben? ☐ i ☐ ie

Merkwörter mit chs

Schreibe die Merkwörter mit chs.

Dachs	Luchs	Büchse	sechs	Fuchs
wachsen	es wuchs	Gewächs	erwachsen	Ochse
Lachs	Echse	Wechsel	wechseln	Wachs

Trage die Merkwörter mit chs in die Lücken ein.

Echse/Gewächs	Dachs/wachsen	Wachs/Büchse	Lachs/wechseln
Wechsel/sechs	wuchs/erwachsen	Luchs/Fuchs	Ochse/Achse

Das ________ der Kerze ist auf eine ________ getropft.

Die flinke ________ huscht schnell unter ein ________.

Ein ________ muss keine Unterhosen ________.

Toni ________ in Italien auf. Nun ist er ________.

Der ________ ist noch klein. Er muss noch ________.

Der ________ zieht einen schweren Karren mit einer ________.

Nach dem ________ der Seiten schoss Wim ________ Tore.

Der ________ und der ________ sind heimische Raubtiere.

Merkwörter aus anderen Sprachen

Schreibe die Merkwörter aus anderen Sprachen.

Baby	Handy	Teddy	Cent	Clown
Computer	E-Mail	Internet	Jeans	Chips
Ketchup	Restaurant	Pizza	Skizze	Interesse

Trage die Merkwörter aus anderen Sprachen in die Lücken ein.

E-Mail/Handy	Pizza/Restaurant	Ketchup/Cent	Baby/Teddy
Clown/Chips	Trainer/Skizze	Computer/Internet	Interesse/Jeans

Ben isst eine ________ im italienischen ________.

Sven verschickt eine ________ mit seinem ________.

Im Zirkus jongliert ein ________ mit *14* Tüten ________.

Das kleine ________ spielt mit einem kuscheligen ________.

Mit ________ kosten die Pommes *50* ________ mehr.

Nora surft oft mit dem ________ im ________.

Ina hat ________ an einer ________ ohne Taschen.

Der ________ erklärt die Taktik mit einer ________.

Merkwörter aus anderen Sprachen

Schreibe die Merkwörter aus anderen Sprachen.

Gyros	Toast	Spaghetti	Mai	Camping
Container	informieren	T-Shirt	Recycling	Verb
Adjektiv	Hobby	Apotheke	Theater	Thermometer

Trage die Merkwörter aus anderen Sprachen in die Lücken ein.

Gyros/Spaghetti	informieren/Verb	Mai/Thermometer	Toasts/Recycling
Chef/Camping	T-Shirt/Container	Theater/Adjektiv	Doktor/Apotheke

Tim könnte täglich ______ oder ______ essen.

Im ______ zeigte das ______ 30 Grad an.

Das Wort ______ ist ein ______.

Im ______ läuft das Stück „Affe ist kein ______“.

Auf Thilos lila ______ steht „______“.

Für verschimmelte ______ gibt es kein ______.

Im Sommer macht der ______ ______ mit der Familie.

Der ______ schickt den Patienten zur ______.

Merkwörter mit Dehnungs-h

Schreibe die Merkwörter mit **Dehnungs-h**.

~~Vorfahrt~~	Bahn	Nahrung	Fahne	Draht
Gefahr	Wahl	während	erzählen	ähnlich
Fehler	mehr	Lehrerin	ehrlich	nehmen

ah Vorfahrt ah ______ ah ______

ah ______ ah ______ ah ______

ah ______ äh ______ äh ______

äh ______ eh ______ eh ______

eh ______ eh ______ eh ______

Trage die Merkwörter mit **Dehnungs-h** in die Lücken ein.

Lehrer/fehlerfrei	ernährt/gefährlich	Fahne/Gefahr	wählen/erzählen
während/ähnlich	Bahn/Draht	fährt/ungefähr	ehrlich/mehr

Auch ein ______ macht Fehler. Keiner ist ______.

Die Wörter ______ und ______ reimen sich.

Wer sich ungesund ______, lebt ______.

Bill bastelt eine ______ aus Pappe, Blech und ______.

Erni sagt ______: „Ich möchte keine Suppe ______."

Wer die ______ der Piraten sah, war in großer ______.

Omi ______ ______ *100* Kilometer mit dem Rad.

Opi fährt ______ dieser Zeit ______ weit.

Merkwörter mit Dehnungs-h

Schreibe die Merkwörter mit **Dehnungs-h**.

Bohne	wohnen	bohren	Lohn	ohne
Höhle	fröhlich	Söhne	Huhn	Stuhl
fühlen	Gefühl	führen	kühlen	rühren

oh Bohne	oh ______	oh ______
oh ______	oh ______	öh ______
öh ______	öh ______	uh ______
uh ______	üh ______	üh ______
üh ______	üh ______	üh ______

Trage die Merkwörter mit **Dehnungs-h** in die Lücken ein.

Huhn/Stuhl	bohrt/Wohnung	belohnen/Sohn	führt/Mühle
rührt/Gefühl	ohne/hohl	fühlen/kühl	fröhlich/Höhle

Die Eltern ______ ihren ______ für seinen Fleiß.

Der Müller ______ eine Klasse durch die alte ______.

Das ______ hat unter einem ______ ein Ei gelegt.

Emre ______ in der ______ Löcher in die Wand.

Der gute Koch ______ den Teig mit viel ______.

Sechzig Neandertaler sitzen ______ in einer ______.

Ein Überraschungsei ______ Überraschung ist ______.

Im Winter ______ sich Hände und Füße oft ______ an.

Verben (Tunwörter)

Schreibe die Verben (Tunwörter) in den verschiedenen Formen.

	wählen		rühren		bohren	
	wähle	wählt	rührt	rühren	bohren	bohre
	wählst	wählt	rührt	rühre	bohrst	bohrt
	wählen	wählen	rührst	rühren	bohren	bohrt
ich →						
du →						
er, sie, es →						
wir →						
ihr →						
sie →						

	belohnen		umkehren	
	belohnt	belohnt	kehren um	kehre um
	belohne	belohnst	kehren um	kehrt um
	belohnen	belohnen	kehrt um	kehrst um
ich →				
du →				
er, sie, es →				
wir →				
ihr →				
sie →				

Wortfamilien

Ordne die Wörter zu Wortfamilien.

fühlen	führen	fehlen	du führst	vorführen
Fühler	Fehler	geführt	anführen	verfehlen
Führerin	gefühlt	er führt	anfühlen	führerlos
sie fehlt	fehlbar	fühlbar	abführen	fehlerhaft
sie fühlt	Gefühl	gefehlt	fehlerlos	einfühlen
führend	du fühlst	Führung	du fehlst	aufführen

Wortstamm **FÜHR**

Wortstamm **FEHL**

Wortstamm **FÜHL**

Unterstreiche Satzanfänge und Nomen (Namenwörter) und schreibe richtig.

○	in keiner höhle ist es kühler als in bens wohnung.	4
○	lena ist froh. ihr test ist fehlerfrei. sie hat 0 fehler.	5
○	süßigkeiten können zu gefährlicher karies führen.	2
○	wir nehmen an einer führung durch eine bahn teil.	3
○	sarah bohrt in stühle und umwickelt sie mit draht.	3
○	der lehrer bekam als lohn zehn hühner und mehl.	5

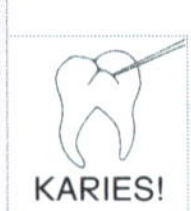

Schreibe die Texte auf Seite 110 neben die passenden Bilder.

- Wim ernährt sich ähnlich wie Tim ohne viel Fleisch. h
- Der faule Zahn ist hohl. Der Zahnarzt muss bohren. h
- Die Ehrlichkeit belohnt uns mit einem guten Gefühl. h
- Regeln für die Vorfahrt im Bahnverkehr sind streng. h
- Der Sturm ist sehr gefährlich. Die Boote kehren um. h
- Oma hat Opa gewählt und die Wahl niemals bereut. h
- Omis Erzählung macht uns froh. Wir fühlen uns gut. h
- Ein Huhn bezahlt man nicht mit Bohnen oder Draht. h
- Rudi rührt mehr als zehn Kilo Kakao in kühle Milch. h

Markiere Trennstellen und schreibe die Wörter getrennt auf. 0

rüh|ren	Höhle	Nahrung	fehlerfrei
Drähte	Lehrer	Führung	Erzählung
kühlen	wählen	während	belohnen

rüh-ren

! Das Trennen von Wörtern mit Dehnungs-h sollte mit den Kindern besprochen werden.

Abschreiben

Schreibe die Texte von Seite *109* neben die passenden Bilder.

„Er hat ganz viel gebohrt!“

Ehr-
lich-
keit

Wim
isst wie
Tim.

Vorfahrt
für die
Bahn!

Merkwürdige Verben (Tunwörter)

Ordne zu.

~~biss~~	zog	maß	traf	goss	fror	wog
floss	kroch	fraß	bog	riss	schob	rannte
verbot	wusste	verlor	wuchs	vergaß	kannte	schloss
schwieg	gewann	begann	schwamm	brannte	verbrannte	

beißen	sie	biss
ziehen	er	
messen	sie	
treffen	er	
gießen	es	
frieren	es	
wiegen	sie	
fließen	es	
kriechen	er	
fressen	es	
biegen	sie	
reißen	er	
schieben	sie	
rennen	er	
verbieten	sie	
wissen	er	
verlieren	er	
wachsen	sie	
vergessen	er	
kennen	sie	
schließen	er	
schweigen	sie	
gewinnen	er	
beginnen	es	
schwimmen	sie	
brennen	es	
verbrennen	es	

Quiz

Kreuze an.

Es ist ein abstraktes Nomen (Namenwort). Man kann es nur „fühlen“.

- ☐ Paket
- ☐ Boot
- ☐ Glück
- ☐ Handy

Wörter mit den Wortbausteinen -heit, -keit und -ung sind

- ☐ Nomen (Namenwörter).
- ☐ Verben (Tunwörter).
- ☐ Adjektive (Wiewörter).

Die Wortbausteine -ig und -lich verwandeln eine Reihe von Nomen (Namenwörtern) in

- ☐ Artikel (Begleiter).
- ☐ Verben (Tunwörter).
- ☐ Adjektive (Wiewörter).

Bei welchem Wort kann man auch in der Mehrzahl kein d hören?

- ☐ Pferd
- ☐ Mädchen
- ☐ Mund
- ☐ Kleid

Welches Wort bildet mit dem Wortbaustein ver- ein sinnvolles Verb (Tunwort)?

- ☐ kichern
- ☐ grüßen
- ☐ scheinen
- ☐ schließen

Welches Wort wird auch in der Einzahl mit ä geschrieben?

- ☐ Brände
- ☐ Drähte
- ☐ Käfige
- ☐ Länder

Wie wird der lange i-Laut meistens geschrieben?

- ☐ ei
- ☐ i
- ☐ ie
- ☐ gar nicht

Wie werden Vokale vor doppelten Konsonanten (Mitlauten) gesprochen?

- ☐ lang oder kurz
- ☐ kurz
- ☐ lang
- ☐ halblang

Wie werden Vokale vor ck und tz gesprochen?

- ☐ lang oder kurz
- ☐ kurz
- ☐ lang
- ☐ halblang

Wie werden Vokale vor dem ß gesprochen?

- ☐ lang oder kurz
- ☐ kurz
- ☐ lang
- ☐ halblang